Das pralle Leben

Amelie Fechner

Alltagsgedichte
Das pralle Leben

Ellert & Richter Verlag

Ihr und wir

Ich und ich

Für Georg, Anna, Benedikt und Flora

„Vergessen Sie nie,
das Leben ist eine Herrlichkeit."
Rainer Maria Rilke

Lebensklug und federleicht ...

Ihre feinen Zeilen fliegen sie an. Einfach so, mitten in ihrem trubeligen Alltag zwischen Mann, drei Kindern, Hund und Katze. Morgens, auf dem Weg zu ihrem winzigen Büro im Blankeneser Treppenviertel, mittags beim meditativen Zubereiten einer Mahlzeit oder, gänzlich unerwartet, nach der unerfreulichen Begegnung mit einer „Trine" im Supermarkt.

Amelie Fechners hochempfindliche Antennen stehen jederzeit auf Empfang, bereit einzufangen, was genau sie da umschwirrt. Sie schaut es sich an, wendet es hin und her, bis es passt, und heraus kommt ein literarisches Kleinod. Beherzt klimpert sie dafür die Gefühlsklaviatur hinauf und hinunter, mal beschwingt, mal melancholisch, immer mit Eleganz und untrüglichem Gespür für die richtige Note. Zwischen Dur und Moll, zwischen allegretto und molto furioso findet sie ihren ganz eigenen poetischen Ton.

Amelie Fechners Texte haben Flügel. Und es ist ihre Federleichtigkeit, die so für sie einnimmt. Luftig wie ein Windhauch transportieren sie Stimmungen und Gefühle – auch ganz und gar unluftige –, in denen man sich selbst wiederzuerkennen glaubt. Oder erkannt glaubt. Weil sie Empfindungen in Worte fassen, so universell und authentisch, dass man sie für die eigenen halten mag.

Sei es den Überdruss an sich selbst wie in *Ich und ich* oder die Ungeduld mit der eigenen Verletzlichkeit wie in *Abstandhalter*. Sei es der Groll darüber, dass die miesen Gefühle der Liebsten so oft bei einem selbst landen wie in *Blitzableiter* oder die Beschwingtheit von *Frühling*.

Amelie Fechner wagt sich an komplizierte zwischenmenschliche Befindlichkeiten, die beim Lesen ihr Echo finden. Woher kennt sie einen so gut? Man spürt ein inneres Schmunzeln in sich aufsteigen und ja, auch Freude darüber, eine Seelenverwandte gefunden zu haben, die einen zu kennen scheint wie eine gute Freundin.

Wer das Glück hat, ihren Texten zu begegnen oder mit ihnen beschenkt zu werden, fühlt sich verstanden. Wer sie verschenkt, dem helfen sie, auf liebevolle Weise ein paar Wahrheiten zu formulieren, niemals verletzend, dafür mit einem Augenzwinkern. Eigentlich ist Amelie Fechner Anwältin. Das wiederum merkt man ihren Texten nicht an. Zum Glück, möchte man sagen. Es liegen Lichtjahre zwischen den juristischen Schriftsätzen, die sie in ihrem früheren Leben verfasste, und ihren poetisch-filigranen und humorvoll-zarten Gedichten, die dennoch Klartext sprechen. Klartext auf Amelienisch. Einfühlsam beschreiben sie ebenso persönliche wie universelle Gefühle und spiegeln dabei die Lebenserfahrung einer modernen Frau.

Karin Baron

Du und ich

*rauf geht's
und runter*

Achterbahn

in unserer Liebe
sind wir Sand
in des andren Getriebe
zwischen Dir und mir
sind immerzu
Seiten
von Schmirgelpapier
an denen wir uns reiben
wenn wir
uns liebend
aneinander leiden
manchmal möcht' ich
den Moment anhalten
nicht erleben
wie wir erkalten
nachdem es grad' erst
warm geworden war
doch mir ist klar:
unsre Liebe ist
'ne Fahrt in der Achterbahn
rauf geht's und runter
wenn wir zusammenfahr'n

Worte,
hingeworfen auf die Schnelle

Atmosphärische
Störung

Hilfe. Ich bin echt schockiert
was ist uns beiden da passiert
wo alles rund und grade lief
hängt nun die Atmosphäre schief
Worte, hingeworfen auf die Schnelle
unbedacht, an falscher Stelle
senkten in Sekunden nur
hier im Raum die Temp'ratur
sodass wir, eh wir uns versehen
uns irgendwie nicht mehr verstehen
und in der merklich kühlen
Luft uns beide unwohl fühlen
wer hier Schuld hat – einerlei
wichtig ist nur, dass wir zwei
uns hier aus dieser Lage retten
und nun rasch die Wogen glätten
Du bist mir nämlich so viel wert
ein Streit mit Dir ist ganz verkehrt
bevor wir uns daran gewöhnen
möcht' ich nur eins:
mich schnell versöhnen

Silberhaare

Liebe,
in die Jahre gekommen

unsre Liebe kommt jetzt in die Jahre
unsrer Liebe wachsen Silberhaare
sie erscheint mir wie ein altes Dämchen
diese Liebe sammelt Silberrähmchen
auf den Fotos: wir zwei, Arm in Arm
vor den Kamin gekuschelt, herrlich warm
Du und ich, Hand in Hand
mal im Grünen, mal am Strand
diese ruhige, alte Liebe ist gemütlich
dieses liebe, alte Dämchen, ach, es glüht nicht
komm, wir ziehn ihm Schlittschuh an
ich bin sicher, dass es das noch kann
es soll sich mal bloß nicht zieren
was soll denn Schlimmes schon passieren
für die allerersten Schritte
nehmen wir's in unsre Mitte
das Dämchen nimmt Fahrt auf, es dreht nun Kreise
jetzt juchzt es laut und gar nicht mehr leise
schon dreht's Pirouetten, die Nase im Wind
und gleich nimmt es Anlauf zu einem Sprint

Du und ich

den Mond
verschieben

20

Mein Traum

mit einer Leiter würde ich
hoch in den Himmel steigen
dort pflückt' ich nachts 'nen Stern für Dich
der wär ab dann Dein Eigen
am Tag würd' ich die Sonne schnell
mit einem Tuch polieren
sie schiene fortan richtig hell
Du würdest jubilieren
mit einer Stange würde ich
den Mond für Dich verschieben
und mit 'nem dunklen Tuch verhüll'n
wenn wir zwei nachts uns lieben

Du und ich

meine Kanten
und Ecken

Schubladen

Schubladen sind wirklich klasse
sie erlauben Dir 'ne Masse
Dinge zu sortieren
Knöpfe und Kram

Löffel und Gabeln
geordnet nach Größe, Muster
und Farben
dies' Ordnen und Trennen
für's Wiedererkennen
und nie mehr Verlieren
ist ja so was von praktisch

doch Menschen – ich weiß nicht
sind die nicht zu sperrig
wie kommt's, dass ich denke
Du hättest es gerne
dass ich mich verrenke
damit es Dir gelingt
mich wie ein Ding
in so 'ne Kiste zu stecken
mit meinen Kanten und Ecken
ich pass da nicht rein
das Ding ist zu klein
oder ich bin zu groß
ach, lass es doch bloß

Blitzableiter

Oh je, wie kommst denn Du
grad' um die Ecke
Ob ich mich hinterm Vorhang
schnell verstecke?
Dein Gesicht kann
schweigend Bände sprechen
Dieser Morgen ist für Dich
wohl zum Erbrechen
Schlecht geschlafen?
Auf der Leber ein Getier?
Etwas in der Art
so denk ich mir
Guck mich nicht so böse an
als ob ich dafür etwas kann
Wenn Du Dein Mütchen kühlen musst
düstere Stimmung hast und Frust
verlass am besten schnell das Haus
Lass Deine Launen
nicht an andern aus
Du könntest Stunden
an der Elbe laufen
Dir leck're Schokolade kaufen
Mit dem Fahrrad Runden drehn
oder auf den Sportplatz gehn

Lass nur bitte mich in Ruh
denn ich war eben noch
– anders als Du –
im Innern heiter
Bin wahrlich nicht
niemals
Dein Blitzableiter

Du und ich

ich stünde Dir bei

Meine Freundin

Ich frage mich
ob ich ohne Dich
die wär, die ich heute bin
oder nicht
Du glaubst an mich
wenn ich's selber nicht tu
Du sprichst mir
wenn's nötig ist
immer Mut zu
mit Dir kann ich albern sein
mich amüsieren
kann anderer Meinung sein
wild diskutieren
wir vertrauen uns
Geheimnisse an
die man mit niemand'
sonst teilen kann
wärest Du mal in Not
selbst morgens um drei
sei Dir gewiss
ich stünde Dir bei
zum Schluss, meine Liebe
möcht' ich Dir sagen
wie schön es ist
Dich zur Freundin
zu haben

Fundament fürs Leben

Was wirklich zählt

es gibt Verwandtschaften
sie können Fluch sein oder Segen
und Mannschaften
um Herz und Kreislauf anzuregen
dann gibt's noch Erbschaften
sie bringen, wenn Du Glück hast, Geld
und Liebschaften, so flüchtig
dass man sie kaum in Erinnerung behält
Seilschaften
bringen Dich vielleicht voran
doch hören sie wie Machenschaften
sich ein bisschen finster an
ganz anders ist's mit Freundschaften
sie sind ein Fundament fürs Leben
jedenfalls die ernsthaften
möge es sie immer geben

Schwestern

Eine Schwester
zu haben
ist vielleicht
nicht leicht
ganz gleich
ob sie
die Große ist
oder die Kleine
es gibt kaum eine
mit der Du so viel
gespielt und gestritten
gefühlt und gelitten
konkurriert, debattiert
über die Du gestöhnt
und mit der Du
Dich wieder und
wieder versöhnt hast

Eine Schwester
zu haben
das ist ein Glück
Du findest in ihr
manch ein Puzzlestück
zu Dir selbst
kaum eine kennst Du
so gut und so lang
kaum eine lässt Du
so dicht an Dich ran
Freundschaften
kommen und gehen
und manchmal auch Ehen
eine Schwester
die bleibt und ist
wie kaum eine Zweite
verlässlich an Deiner Seite

Du und ich

bist Du kostbar

Neu im Leben

Du Leichtgewicht
mit Puppengesicht
Wunder der Natur
ich schau' Dich an
und staune nur
bist gerade erst
in mein Leben gekommen
winzig und zart
dabei so vollkommen
Mensch, bist Du kostbar
ich fühle mich reich
und zugleich
von nun an
verwundbar

wie aus Porzellan

Geliebtes Kind

meine Liebe zu Dir, mein Kind
ist sanft wie eine Nordseebrise
groß wie ein Riese
tief wie die See
meine Liebe zu Dir, sie tut weh
diese Liebe, mein Kind
ist fest wie ein Fels
und stark wie ein Baum
aber heute, ja heute, ertrag ich sie kaum
meine Liebe zu Dir, heut macht sie mich schwer
ach Kind, ich lieb Dich halt so sehr
ein Menschenleben ist so filigran
und Du, mein Kind, bist wie aus Porzellan
gern würd' ich Dich unter 'nen Glassturz legen
behüten, betüdeln, bestens verpflegen
stets Dich beschützen
was würde es nützen
das Leben hängt am Seidenfaden
dessen Ende nicht wir in den Händen haben
ich flüster's leise in den Wind
lieber Gott, beschütz mein Kind

Stück
  von meinem Leben

Nah dran

meine Tochter ist von Anfang an
besonders nahe an mir dran
sie hat oft viel mit mir gemein
und kann dabei ganz anders sein
manchmal spiegelt sie ein Stück
von meinem Leben mir zurück
Tochterliebe ist sehr herzlich
Tochterstreit besonders schmerzlich
ich kann sehr viel mit ihr bereden
und bummel gern mit ihr durch Läden
ich wünsch ihr, dass sie sich gefällt
und wirklich alles Glück der Welt
vielleicht muss sie mich überwinden
um wirklich zu sich selbst zu finden
und wenn mir graue Haare wachsen
ist meine Tochter fast erwachsen

Riesenfüße

Irgendwie anders

mein Sohn, der ist von Anbeginn
ganz anders als ich's selber bin
klein find ich ihn besonders niedlich
mit meinem Sohn ist es meist friedlich
früh liebt er Ballsport jeder Form
sein Fußballwissen ist enorm
doch leider ist es ihm zueigen
bisweilen läng're Zeit zu schweigen
ich muss mich erst daran gewöhnen
doch so ist's wohl oft mit Söhnen
mein Sohn sitzt abends manchmal spät
vor elektronischem Gerät
mit zwölf bekommt er Riesenfüße
mit vierzehn schreibt er Liebesgrüße
mit sechzehn überragt er mich
mit achtzehn ist er volljährig
er sieht nun aus wie'n echter Mann
für mich fühlt es sich komisch an
wenn er sich ab und an erbarmt
und mich umarmt

Pubertät

fürs Erwachsensein ist es zu früh
fürs Kindsein längst zu spät
sitzt zwischen allen Stühlen
verstrickt in Deinen Gefühlen
man nennt das Ganze Pubertät

bist fürchterlich verletzend
und teilst in jede Richtung aus
bist dabei selbst das zarteste Geschöpf von allen
würdest Du doch nur Dir selbst gefallen
dann wärest Du bestimmt nicht mehr so ätzend

wir wandern grade durch 'ne Eiszeit
und sind uns manchmal zum Erschrecken fremd
springen dennoch beide nicht über den Graben
der uns voneinander trennt
dabei sind wir diesen Zustand doch längst leid

doch unsre Zeit kommt wieder, Schatz
ich fühl's. Sie ist zum Greifen nah
finden erst mal die Hormone ihren Platz
und siehst Du statt ins Trübe wieder klar
dann wird es friedlich werden, wie's mal war

Ganz bei Dir

Du bist die Quelle
meines Lebens
immer sprudelnd
vor Energie
krank oder schwach
sah ich Dich nie
morgens sehr früh
wenn wir noch schliefen
warst Du immer schon wach
wie oft sah ich Dich
Kuchen backen
Pakete packen
Du hast Briefe
an uns
stets mit Füller
geschrieben
warst und bist
in Gedanken
immer bei Deinen Lieben

doch irgendwann
wird der Tag kommen
da wird es anders sein
ich werde mich
zu Dir setzen
Deine Stirn
mit Wasser benetzen
Deine Wange
Deine Hand streicheln
Dir ein Glas Wasser reichen
die Haare Dir aus dem
Gesicht streichen
ich werde
bei Dir sein

Dein Kummer
treibt mich um

Eng verbunden

ich fühle mich so eng
mit Dir verbunden
dass Deine Schmerzen
mir wehtun
fast wie eig'ne Wunden
Dein Kummer
treibt mich um
Deine Krankheit
beschwert mich
so lange
bis Du
übern Berg bist

Hinter der Tür

seit Minuten steh ich hier
verwirrt, im Tiefsten aufgewühlt
von alten Bildern überspült
die Hände zitternd, vor der Tür

kaum imstande, mich zu regen
geschweige denn, hineinzugehen
bleibe ich hier draußen stehen
kann Arme, Füße nicht bewegen

schon mich nähernd längs der Straße
sah ich Dich: groß, schmal und schön
zu unserm kleinen Ecktisch gehen
so vertraut, dass ich nicht fasse

dass es nicht erst gestern war
als wir dort was Kleines aßen
dicht an dicht zusammen saßen
Himmel, waren wir uns nah

spielt mir die Fantasie 'nen Streich
dass das, was war, von dem, was ist
nun gar nicht mehr zu trennen ist
blieb mein Gefühl, sind wir noch gleich

kehrt Liebe so zurück mitunter
gibt's eine zweite Chance zum Glück
was du wohl sagst – ich bin zurück
und drück die Klinke nun hinunter

Du und ich

diesmal
war ich angefasst

Neulich bei Edeka

neulich war's bei Edeka
nah bei dem Obst, als ich sie sah
Fellboots wärmten die Füße
der Frau, die ich kannte, und daher grüßte
'ne Bommelmütze trug sie, die ich kannte
grüßte und deren Namen ich nannte
kurz hob sie ihren Kopf, die Gute
und ich, ich sagte: Hallo Ute
die Frau stutzte und sie schaute
während sie breit Kaugummi kaute
suchte in ihrem Kopf, wo sie nichts fand
die Frau, sie hat mich nicht erkannt
das war im Grunde ja nicht schlimm
normalerweise nehm' ich so was hin
doch diesmal war ich angefasst
ich ging zur Kasse, ohne Hast
nahm gehend mir 'ne Apfelsine
die warf ich an den Kopf der Trine
sah, wie sich die Frisur verbeulte
sah schadenfroh, dass sie nun heulte –
nein, keine Angst, so war es nicht
ich bin ja nicht gewalttätig
ich ging zur Kasse ohne Eile
nur in Gedanken schoss ich Pfeile

Ihr und wir

Ihr und wir

die Blüte ist zart

Für Euch beide

habt immer
ein Dach überm Kopf
genug Essen
im Topf
treue Freunde
die Euch begleiten
in ruhigen
und stürmischen Zeiten
zeigt Toleranz
Humor, Fantasie
und vergesst
dabei nie:
Die Liebe gleicht
einer Blume
von seltener Art
ihr Stengel ist biegsam
doch die Blüte ist zart
rückt sie zur Sonne
denkt dran
sie zu gießen
dann wird sie wachsen
blühen und sprießen

stöbern im Tang

Schnepfen

Schnepfen sind im Allgemeinen
Tiere mit sehr langen Beinen
sie sind klein bis mittelgroß
die Art von Vögeln sieht man bloß
in Feuchtgebieten und an Küsten
wo sie in Bodenmulden nisten
Schnepfen stöbern stundenlang
unter Steinen und im Tang
wohin sie ihre Schnäbel stecken
auf der Suche nach Insekten
Fischen oder Schalentieren
im Winter ziehn sie statt zu frieren
gern in Richtung Afrika
im Frühling sind sie wieder da
warum wir Frauen, die wir kennen
für uns im Stillen Schnepfen nennen
vermag ich leider nicht zu sagen
der Vogel, wüsst er's, würd's beklagen
schließlich kann das arme Tier
da nun wirklich nichts dafür

Das pralle Leben

unser Leben
ist ein Teppich, bunt gewebt
wir haben viel gesehen, viel erlebt
und haben Pläne, noch und nöcher
manche von uns haben große Töchter
nach denen Männer ihre Hälse sich verdrehn
wenn wir mit ihnen durch die Straßen gehn
doch sind wir auch noch immer attraktiv
oder in einem andern Sinne schön
und mittlerweile weniger naiv
das Leben hat uns manchen Zahn gezogen
die Sache mit dem Märchenprinzen war gelogen
Kinder haben ist kein Zuckerschlecken
nach kurzen Nächten kann das eig'ne Spiegelbild
uns selbst schon mal erschrecken
tja, wir sind eben keine 17 mehr
und denken uns dazu: ein Glück
zwar ist der Alltag oft
ein Drahtseilbalancierstück
und leider fehlt
das aufgespannte Netz darunter
sodass es Stürze gibt
Blessuren auch mitunter

doch haben wir so viel
von dem, was früher uns oft fehlte
wir kennen nun die Regeln in dem Spiel
Antworten auf viele Fragen
haben inzwischen auch gelernt
mal nein zu sagen
wir sind sensibler, stärker
reifer als wir früher waren
haben allesamt schon viel erfahren
über's Lieben und des Daseins Sinn
wir stecken grade mittendrin
im prallen Leben

Wir Mütter

wir Mütter sind einfach genial
Multitasking ist für uns normal
bei aufgeklapptem Laptop kochen
nebenbei Papiere lochen
telefonierend nach den Kindern sehn
für uns alltäglich, kein Problem
bestimmt gelingt auf diese Weise
uns bald die Quadratur der Kreise
wer will uns denn mal applaudieren
und uns mit Orden dekorieren
tja, dies ist ein Wermutstropfen
das mit dem Auf-die-Schulter-Klopfen
müssen wir, wie viele Sachen
meistens auch noch selber machen
bisweilen kann es uns passieren
dass eines von uns Muttertieren
sein Potenzial und sein Talent
weder ausschöpft noch erkennt
wir hecheln durch das Alltagsleben
helfen, stehen bei und geben
kämpfen gegens Chaos an
immer haben wir 'nen Plan
zum Problemlösen parat
dabei drehn wir selbst am Rad

wir Mütter sind Expertinnen
und manchmal glaube ich, wir spinnen
wir helfen andern beim Entpuppen
und vergessen ganz zu gucken
wo in diesem bunten Treiben
eigentlich wir selber bleiben
es könnte uns durchaus passieren
das wir uns irgendwann verlieren

Tupfen auf dem Ü

klar, läuft hier
nicht alles glatt
und manchmal
hab ich Euch auch satt
weil Ihr
an meinen Nerven zehrt
Euch über
jeden Mist beschwert
fordernd seid
und unzufrieden
ungerecht
und unentschieden
heftig, wild
und richtig laut
Euch gegenseitig
kneift und haut
klar, schieß ich
schon mal Raketen
mit Euch darin
auf Fremdplaneten
doch nur
in meiner Fantasie
die Wahrheit ist
ich möcht' Euch nie
Euch niemals missen
möchte Euch stets
in meinem Leben wissen

Ihr seid die Tupfen
auf dem Ü
in meinem Glück
Sprungfedern
für mein Aufstehn
in der Früh
Ihr öffnet
meine Schokoladenseiten
weil ich Euch liebe
unbedingt
zu allen Zeiten
für Eure Leben
würde ich sofort
mein Eig'nes geben
Ihr macht mein Dasein
bunt und warm
seid die besten
Geschenke
die ich je bekam
und für die
ich dankbar bin
Euch zu haben
Euch zu lieben
gibt dem Leben
einen Sinn

Ende Oktober

ich pfeife aus dem letzten Loch
zum Glück hab ich gerade noch
an den Laternenstab gedacht
und auch 'nen Kürbis mitgebracht
beladen komm ich rein zum Flur
na, alles klar, was hast Du nur
fragt meine große Tochter mich
prüft kurz im Spiegel ihr Gesicht
entschwindet schulterzuckend dann
bevor ich noch was sagen kann
ich stell die Körbe ächzend hin
sind da auch Süßigkeiten drin
fragt voller Sorge mich mein Sohn
denn Halloween ist morgen schon
polternd saust die Kleinste munter
auf ihrem Po die Treppe runter
schaut mich mit Strahleaugen an:
ich freu mich auf den Weihnachtsmann
ich schaue in ihr Lachgesicht
und denke nur: ich freu mich nicht

Adventskalendertütenpacken
mit den Kindern Plätzchen backen
Herzenswünsche früh erkennen
mit Listen durch die Läden rennen
Basteln für den Schulbasar
Spenden für die Tombola
auf dem Postamt Schlange stehen
und ins Weihnachtsmärchen gehen
einkaufen fürs Weihnachtsessen
Baumkerzen diesmal nicht vergessen
fürs Krippenspiel Kostüme suchen
und allerhöchstens heimlich fluchen
Mami! Huhu!
sag mal, schläfst Du
ein vorwurfsvoller Tochterblick
holt mich ins Hier und Jetzt zurück
ich kreuz die Finger hinterm Rücken
geh in die Knie, um mich zu bücken
für einen dicken Tochterkuss
da merk ich, dass ich lachen muss
ob ich mich freue, Schatz – ja, klar
ich freu mich sehr, wie jedes Jahr

Ich und ich

Toast mit Sonne

Frühling

dieser Tag ist ganz mein Ding
warum ich wohl so glücklich bin
zum Frühstück gab es Toast mit Sonne
mich flog was an wie Frühlingswonne
nun liegt die Welt zu meinen Füßen
und jeden möcht' ich freundlich grüßen
der unterwegs mir heut begegnet
ich freu mich dran, dass es nicht regnet
freu mich an der milden Luft
und am ersten Fliederduft
gerne würd' ich Bäume pflanzen
Picknick machen, Salsa tanzen
übermütig bin ich und beschwingt
wie schön, dass grad die Amsel singt
ich saug Geruch von Erde ein
bin dankbar, auf der Welt zu sein
Lichtstrahlen wandern wie durch
Lupengläser in mein Innerstes hinein
zaubern das Schöne groß
das Schwere klein

Ich und ich

meine Seele rennt sich heiß

Abstandhalter

Ich such 'nen Abstandhalter
für meine Emotionen
denn meine Seele rennt sich heiß
und muss sich dringend schonen
immer gehn die Dinge mir zu Herzen
alles geht mir nah, verursacht Schmerzen
irgendwas fasst immerzu mich an
ist das genetisch, weiblich, steckt es an
wissen Sie vielleicht
was man dagegen machen kann
was auch passiert, ich nehm's persönlich
was meinen Sie, ist das nicht ungewöhnlich
gibt es Abstandhalter hier zu kaufen
meine Seele müsste mal verschnaufen
wirklich, ich brauch dringend
so ein Exemplar
ich hab auch Geld dabei
ich zahle bar
das Ding ließ ich mir implantieren
und nichts mehr
ging mir an die Nieren
mein Leben wär fortan
ein langer, ruhiger Fluss
gemütlich plätschernd
bis zum Schluss

Ich und ich

manchmal ist es schwer
ich selbst zu sein
manchmal häng ich wie ein Klotz
an meinem Bein
und steh mir immerzu im Weg
an solchen Tagen kommt's
dass ich mir überleg:
gern hätt' ich mal vor mir
für eine Weile Ruh
und wäre dann
für kurze Zeit nur Du
mit allem Drum und Dran
mein altes Ich blieb unbewohnt zurück
das fühlte sich bestimmt
wie Ferien an
wie pures Glück
mein Herz, das würde
Sonnenschein verströmen
und meine Stirnesfalten wären glatt im Nu
glaube mir, ich könnte mich
daran gewöhnen
so zu sein wie Du

doch lasse ich mein Ich
in Wahrheit
nie im Stich
auch wenn's mich anstrengt
sicherlich
hab ich's
in seinem Kern
mit allen Höhen
allen Tiefen
doch zu gern

ein Windhauch

Mutlos

ab und an
ist mein Mut
durchscheinend
und dünn
wie Seidenpapier
ich fürchte dann
schon ein Windhauch
könnte ihn
fortwehen von mir
ich bliebe zurück
Raupe in ihrem Kokon
nie wär ich Schmetterling
nie flög' ich davon

Wie war's?

es nähern sich
die letzten Tage
vom Jahr
an denen ich
mich rückblickend
frage
wie's war
hielten sich Kummer
und Glück
die Waage
obsiegte das Glück
war ich in der Lage
Freuden und Pflichten
so zu gewichten
dass Wesentliches
seinen Raum bekam

hab ich genug
geliebt und gegeben
hab ich es genossen
das Schöne am Leben
kam ich an die
die ich liebe, heran
wo scheiterte ich
wo kam ich voran
so zieh ich Bilanz
hoffend, dass ich
unterm Strich
ganz, ja, ganz
zufrieden sein kann

„Ihre Texte haben Flügel."
Karin Baron

Amelie Fechner, geb. 1969 in Oberhausen, studierte Jura in Freiburg, Hamburg und Bordeaux. Nach zahlreichen Jahren als Rechtsanwältin und freie Autorin organisierte sie 2013 erstmalig kleine, feine Lesungen, auf denen sie – musikalisch begleitet – ihre Gedichte präsentierte. Die Resonanz war überwältigend positiv, sodass die Autorin noch im selben Jahr den Postkartenhandel „feinezeilen" gründete, über den deutschlandweit Druckerzeugnisse mit Gedichten aus dem prallen Leben vertrieben werden. Amelie Fechner lebt mit ihrem Mann und drei Kindern in Hamburg, unweit der Elbe.

Karin Baron (geb. 1958) hat als Übersetzerin, Redakteurin und Texterin gearbeitet, bevor sie sich dem Schreiben von Kinder- und Jugendromanen widmete. Sie hat zwei erwachsene Töchter und lebt in Hamburg.

Bibliografische Information der Deutschen Nationalbibliothek: Die Deutsche Nationalbibliothek verzeichnet diese Publikation in der Deutschen Nationalbibliografie; detaillierte bibliografische Daten sind im Internet über http://dnb.d-nb.de abrufbar.

ISBN 978-3-8319-0574-4

© Ellert & Richter Verlag GmbH, Hamburg 2014

Titelbild: „Omphalocentrischer Vortrag" von Paul Klee, picture alliance/akg-images
Gestaltung: Anja Richter Modersitzki, Hamburg
Redaktion: Claudia Schneider, Hamburg
Gesamtherstellung: CPI books GmbH, Leck
www.ellert-richter.de